ANTHOLOGIE JUIVE : EXTRAITS DU TALMUD

PHILOSOPHIE – POÉSIE – MORALE

HONEL MEISS

ANTHOLOGIE JUIVE : EXTRAITS DU TALMUD

PHILOSOPHIE – POÉSIE – MORALE

Honel Meiss

Né le 18 aout 1846 à Ingwiller dans le Bas-Rhin, et mort le 30 aout 1932 à Nice, H. Meiss est un rabbin français qui fut successivement rabbin de Nantes, puis de Nice, et finalement grand-rabbin de Marseille.

AVANT PROPOS

Dans la crise douloureuse que traverse l'Humanité, et dont sortira, nous en avons la conviction, un monde meilleur où régnera un peu plus de justice et un peu plus de tolérance, la France, fidèle à son rôle historique, a proclamé le dogme de « l'Union sacrée » !

Au triomphe de ce dogme qui, de national qu'il était au début, est en train de devenir universel, grâce à l'évolution de l'idée, chacun, dans sa sphère et dans la mesure de ses moyens, soit par la parole, soit par la plume, doit apporter son concours à l'œuvre d'affranchissement dont nos « Poilus » sont les ouvriers admirables.

Le présent travail n'a pas d'autre but, ni d'autre prétention.

Ayant constaté, dans différentes circonstances, que certaines personnes n'appartenant pas à notre culte ont gardé, de par le fait de leur éducation première, une opinion très erronée concernant le « Talmud » qui, depuis longtemps, est chargé de tous les péchés d'Israël, nous avons essayé de donner de ce Recueil un exposé sommaire.

On sait qu'en l'an 1240, un Juif converti, Nicolas Donin, de la Rochelle, porta contre lui, devant le Pape Grégoire IV, de terribles accusations. Hélas ! de ses infâmes calomnies qui ne résistent pas à une minute d'impartial examen, mais qui ont été reprises dans le cours des siècles, augmentées quelquefois ou modifiées, suivant le besoin des causes qu'il s'agissait de défendre, quelque chose est resté !

Cette vaste et curieuse encyclopédie du Talmud, embrassant l'ensemble des connaissances humaines : Religion, Morale, Histoire, Poésie, Jurisprudence, Médecine, Astronomie, Agriculture, etc., etc., qui parmi nos contemporains, — à part quelques spécialistes — qui peut se flatter de la connaître ?

Il nous a donc paru intéressant, au moment où les querelles de clocher ou de chapelle doivent s'évanouir devant des préoccupations beaucoup plus sérieuses, de glaner dans ce Livre qui vaut beaucoup mieux que sa réputation.

Comme un herborisateur cueille et classe avec le même amour toutes les plantes et toutes les fleurs qu'il rencontre, depuis les plus rares jusqu'aux plus vulgaires, afin de se rendre un compte exact de la nature du sol et des variétés qu'il produit ; ainsi, sans méthode aucune, et au hasard d'une véritable flânerie, nous avons noté quelques pensées de nos Sages qui nous familiariseront, mieux que ne le ferait un savant traité, avec les doctrines et la mentalité juives d'une époque déjà très éloignée.

Un simple coup d'œil jeté sur notre petite « Anthologie » suffira pour établir que le Talmud, gardien fidèle des traditions juives ne respire ni l'Intolérance ni la Haine, mais prêche, au contraire, la pratique des vertus qui font honneur à l'humaine créature[1].

HONEL MEISS,
Grand-Rabbin.

EXTRAITS DES DIFFÉRENTS TRAITÉS DE TALMUD

A l'époque de la Création de l'Univers, toutes les plantes, après avoir accompli le travail mystérieux de la germination, ont attendu, pour percer le sol et apparaître à la surface, que l'homme fût créé et eût imploré pour elles la miséricorde divine. C'est alors seulement que la pluie descendit du ciel et qu'elles purent se développer librement.

(HOULIN, 60)

Rabbi Ichoschoua, fils de Lévi, enseigna :

Au moment où le Saint-Béni-Soit-il prononça cette parole : « La terre ne produira que ronces et épines »,{2}, Adam se mit à verser des larmes abondantes : « Maître du Monde, s'écria-t-il, mon âne et moi nous mangerons donc au même râtelier ? » Mais il se calma et sa figure devint radieuse lorsque le Seigneur continua en ces termes : « C'est à la sueur de ton front que tu mangeras ton pain.{3} »

(PESACHIM, 118.)

On ne doit prier que dans une maison où il entre de la lumière.

(BERACHOT, 34.)

Ce que Dieu nous demande avant tout, c'est notre cœur.

(SANHÉDRIN, 106.).

Dieu fit voir à Adam, comme dans un miroir, toute la succession des générations, avec leurs efforts pour apporter leur pierre à l'édifice de l'Humanité. Quand il arriva à l'époque du grand patriote Rabbi Akiba, il se réjouit de sa science profonde, mais s'affligea de sa triste fin.

(SANHÉDRIN, 38.)

Nous devons, par tous les moyens, chercher à nous rapprocher de la divine perfection : de même que le Seigneur habille ceux qui sont nus, nous devons fournir des vêtements à ceux qui n'en ont point ; de même qu'il visite les malades et console les personnes attristées, nous devons réconforter ceux qui souffrent ou sont plongés dans l'affliction.

(SOTA, 14.)

Excès de haine et excès d'amour, nous font dépasser les limites de la raison.

(IBID.)

Un Rabbin de l'Académie de Iabné enseigna, à propos du verset de la Genèse relatant les reproches adressés par la divine Justice, à Caïn, le premier criminel, ce qui suit :

Le texte sacré ne dit pas « la voix du sang de ton frère s'élève vers moi de la terre »,[4] mais la voix « des Sangs », c'est-à-dire, du sang de ton frère et celui de tous les descendants qu'il aurait pu avoir. C'est pour ce motif que Dieu n'a créé qu'un seul homme pour nous apprendre que celui qui détruit une seule existence est aussi coupable que s'il avait détruit le monde entier. »

Quand nous avons commis un délit contre la propriété ou les intérêts de notre prochain, nous pouvons le réparer avec de l'argent, mais rien ne saurait effacer le crime commis contre la vie d'un individu : son sang et le sang de sa postérité restent attachés après l'assassin.

(SANHÉDRIN, 37.)

Si tu verses des larmes sur la mort d'un homme de bien, Dieu les recueillera et les déposera dans son Trésor.

(SCHABBAT, 105.)

Le jour où le Temple de Jérusalem fut détruit, les portes de la Prière furent fermées, mais celles des larmes sont restées ouvertes.

(BABA-METSIA, 59.)

Le mari meurt uniquement pour sa femme, et la femme pour son mari.

(SANHÉDRIN, 22.)

Un Juste ne s'en va pas de ce monde avant qu'un autre Juste ne vienne le remplacer.

(YOMA, 36.)

Quand la colombe revint dans l'Arche de Noé, apportant une feuille d'olivier dans son bec, elle adressa cette prière à Dieu : « Maître du monde, puisse ma nourriture être amère comme la feuille d'olivier et ne dépendre que de ta main généreuse, plutôt que d'être douce comme le miel et dépendre des hommes. »

(SANHÉDRIN, 108.)

Chaque métier ne rapporte que suivant nos aptitudes et notre travail. Mais il en est de plus ou moins pénibles, et nous devons, en toute circonstance, invoquer le secours de Celui qui est le Maître des Biens et des Richesses.

Rabbi Nehoraï disait : « Je laisse de côté, pour

mes enfants, tous les métiers imaginables et ne leur fais étudier que la Tora (science sacrée) qui nous procure du bonheur en ce monde et nous réserve une grande félicité dans l'Au-delà ».

(KIDDOUSCHIN, 82.)

Il faut, de par le monde, des tanneurs et des parfumeurs ; plaignons les tanneurs et félicitons les parfumeurs.

(BABA-BATRA, 16.)

Un homme sans enfant est considéré comme s'il était mort.

(NEDARIM, 5.)

Notre Patriarche Abraham portait à son cou un diamant magnifique qui guérissait instantanément tout malade qui le regardait. A la mort du Patriarche, Dieu prit ce diamant et le suspendit au soleil.

(BABA-BATRA, 77.)

Turnus Rufus dit, un jour, à R. Akiba : « Si votre Dieu aime tant les pauvres, pourquoi ne les nourrit-il pas ? »

— « C'est pour nous faire gagner le Ciel, grâce à eux », fut la réponse !

— « Mais, au contraire, reprit le général romain, vous vous rendrez coupables envers le Seigneur, en lui désobéissant ! Et, en effet, représente-toi un Roi qui, fâché contre son fils, l'a fait jeter en prison, avec défense formelle de lui donner à boire ou à manger. Si quelqu'un s'avisait, par pitié ou pour toute autre raison, d'agir contre les ordres de son Souverain, ne serait-il pas puni ? Or, comme dit l'Ecriture, vous êtes les serviteurs de l'Eternel ».

R. Akiba lui répondit : « Tu es dans l'erreur la plus pro-onde. Vois plutôt : Si pendant la courte colère du Roi — à laquelle succédera certainement un généreux pardon — quelqu'un apporte au Prince les objets dont il a besoin ou envie, le Roi lui aura une grande reconnaissance de ce témoignage de fidélité intelligente et ne manquera pas de lui faire de riches présents, car nous sommes les enfants de l'Eternel, notre Dieu ».[5]

(IBID, 10.)

Les Justes de toutes les Nations ont part au salut éternel.

(SANHÉDRIN, 125.)

Dans l'intérêt de la Paix et de la bonne harmonie qui doit régner entre les hommes, il est permis de masquer un peu la vérité.

(YEBAMOT, 65.)

L'Exil est le plus cruel des châtiments.

(SANHÉDRIN, 37.)

On ne doit pas élever dans sa maison un chien méchant, ni garder une échelle vermoulue.

(BABA-KAMA, 15.)

C'est du Sinaï, à cause des vérités qui y furent promulguées, en contradiction avec les croyances des autres nations, qu'est descendue la haine contre Israël.

(SCHABBAT, 89.)

Tout est entre les mains de Dieu, excepté la crainte de Dieu.

(BERACHOT, 33.)

Le monde entier s'est mis à frissonner lorsque, au moment de la Promulgation de la loi, sur les hauteurs du Sinaï, le Seigneur fit entendre cette parole : « Tu ne prononceras pas le nom de l'Eternel, ton Dieu, à l'appui du mensonge ».{6}

(SCHEBOUOT, 39.)

Celui qui a pitié des hommes, Dieu aura pitié de lui.

(SCHEBOUOT, 15.)

C'est un devoir de se soumettre à son chef religieux et de se conformer à ses décisions, sans manifester d'inutiles regrets pour les temps passés.

(ROSCH-HASCHANA, 25.)

Le véritable Juste est celui qui, par amour du Ciel, supporte l'injure sans y répondre, et qui, au moment de l'Epreuve, se résigne, sans murmurer, à la volonté divine.

(SCHABBAT, 88.)

La Science est un des attributs de Dieu.

(SANHÉDRIN, 92.)

Celui qui provoque une bonne action a plus de mérite que celui qui l'accomplit.

(BABA-BATRA, 9.)

Un homme pieux (Hassid), faisant sa prière sur la route, ne répondit pas au salut que lui adressa un Général qui passait par là. Celui-ci, très en colère, attendit cependant qu'il eût terminé et lui cria : « Malheureux ! ne sais tu donc pas qu'il est écrit dans votre Tora : « Prends garde à toi et veille sur ta vie ». Pourquoi alors n'as-tu pas répondu à mon salut ? Car si, pour punir ton manque de correction, je te tranchais la tête avec cette épée, tu l'aurais bien mérité et personne ne songerait à me demander compte du sang versé. Parle donc ? »

Le Hassid répondit : « Permets-moi de faire une comparaison : dis-moi, si, te trouvant devant ton Roi, quelqu'un t'avait salué, aurais-tu osé lui répondre ? »

— « Certes, non, répliqua le Général, et si je m 'étais rendu coupable de pareille inconvenance, c'était la mort certaine ».

« Eh bien, reprit le Hassid, si pareil châtiment attend celui qui manque de respect à un roi, mortel comme nous, aujourd'hui, au faite de la grandeur, et demain, couché dans la tombe, que ne mérite pas celui qui manquerait au Roi des Rois, l'Etre qui vit et subsiste toujours, avec lequel j'avais précisément l'honneur d'un entretien ! »

(IBID.)

Même si nous avons déjà le glaive sur le cou, nous ne devons pas renoncer à l'espérance.

(BERACHOT, 10.)

Le peuple d'Israël est comparé à la poussière qui couvre le sol et aux étoiles qui brillent au firmament : s'il tombe, il roule jusqu'au fond du précipice, et s'il s'élève, il s'élève jusqu'aux nues.

(MEGUILLA, 16.)

Rabbi Iochanan se levait respectueusement devant un vieillard araméen.

(KIDDOUSCHIN, 33.)

A l'Académie, dans une discussion qui avait longuement duré, Rabbi Eliézer avait victorieusement réfuté les objections de ses contradicteurs, mais son opinion ne fut pas adoptée par l'Assemblée. Devinant qu'il était victime d'une cabale, il s'écria : « Et pourtant j'ai raison ! Que le caroubier que vous voyez là-bas vous le prouve ! » Et l'arbre, soudain, se déracina et vint s'abattre sur le sol. Mais les Sages répliquèrent en ricanant : « Le caroubier n'a pas voix au chapitre ! » — « Alors, reprit R. Eliézer, que la rivière qui coule paisible devant nous, nous apporte son témoignage ». Et la rivière subitement changea son cours. « La rivière n'a pas davantage voix au chapitre », s'écrièrent les Rabbins. — « Eh bien, continua R. Eliézer, fort de sa conviction : que les murs de cette Ecole viennent plaider en ma faveur ! » Et déjà les murs s'inclinaient faisant entendre un craquement sinistre, lorsque Rabbi Josué les interpella en ces termes : « Ô murs, si les Sages d'Israël discutent ensemble, de quoi vous mêlez-vous ? » Et les murs ne tombèrent pas, par considération pour R. Josué, et ne se redressèrent pas, par respect pour R. Eliézer. Et celui-ci, ne se sentant pas vaincu, s'écria enfin : « Eh bien, que le Ciel se prononce dans ce débat, en ma faveur ! » Et une voix se fit entendre du Ciel, disant : « Tous, tant que vous êtes, vous n'êtes que peu de chose à côté de R. Eliézer et il faut vous soumettre à sa décision ». Mais R. Josué n'eut pas peur de répliquer au « Bat-Kol » — à la voix du Ciel — : « La Tora, dit-il, n'est pas au Ciel[7] selon le mot de l'Ecriture Sainte ; et déjà sur les hauteurs du Sinaï la Sagesse divine a proclamé cette sentence : « Vous vous inclinerez devant la Majorité ! »[8]

(BABA METZIA, 59.)

La pratique de la Charité équivaut à l'accomplissement de tous les autres préceptes.

(BABA METZIA, 9.)

La Tora est aussi difficile à acquérir qu'un vase en or fin et aussi facile à perdre qu'un vase en verre.

(MAGUIGA, 9.)

De même qu'une petite lumière allume les grandes, ainsi les élèves de tout âge aiguisent l'esprit du Maître.

(TAANIT, 7.)

La pitié du père va à son fils, et la pitié de celui-ci va encore à son fils.

(SOTA, 49.)

Honorez vos femmes, si vous voulez que Dieu exauce vos prières.

(BABA METZIA, 9.)

Si ta femme est petite, baisse-toi pour lui parler à l'oreille.

(BABA-METZIA, 59.)

Au moment de la destruction du Temple de Jérusalem, les jeunes Lévites montèrent sur la toiture de l'édifice, emportant la clef du Tabernacle, et s'écrièrent, en la lançant vers le Ciel : « Maître du Monde, comme nous n'avons pas été des gardiens fidèles, reprends la clef du Trésor ! » Il leur sembla voir une main qui la saisit, et tous ensemble ils sautèrent dans les flammes.

(TAANIT.)

Il en est qui achètent dans une heure leurs droits à l'Immortalité.

(ABODA-ZARA, 14.)

C'est là la punition du menteur : on ne le croit plus, même quand il dit la vérité.

(SANHÉDRIN, 39.)

Un Tribunal qui prononce une sentence de mort, une fois tous les sept ans, peut être appelé un tribunal « sanguinaire ». R. Eliézer, fils d'Azarias, rectifie en disant : « Même une fois tous les 70 ans ». R.Tarphon et R.Akibu déclarent : « Si nous avions fait partie d'un Tribunal, il n'aurait jamais prononcé un arrêt de mort ». R. Schimon ben Gamiel fait remarquer toutefois qu'une si grande indulgence pourrait devenir un encouragement pour les assassins.

(SANHÉDRIN.)

Pour le quadruple mérite suivant, nos Ancêtres ont été délivrés de l'esclavage égyptien : 1° parce que leurs mœurs étaient restées pures ; 2° parce qu'ils ne s'adonnaient pas à la calomnie ; 3° parce qu'ils n'ont pas adopté de langue étrangère ; et 4° parce qu'ils n'ont pas changé de nom.

(PESSACHIM, 11.)

De même que l'olive ne donne son huile que lorsqu'elle est écrasée par le pressoir, de même Israël ne retourne au Bien que sous le coup de l'adversité.

(MENACHOT, 53.)

Si tu aperçois un pauvre, cours au-devant de lui pour lui apporter du pain, afin, qu'un jour, on agisse de même avec tes enfants.

(SCHABBAT, 51.)

Que de peines a dû se donner Adam jusqu'à ce qu'il ait trouvé du pain pour se nourrir et des vêtements pour s'habiller. Et moi, je trouve préparé à l'avance tout ce qui est nécessaire à mon entretien !

(BERACHOT, 58.)

L'Empereur Antonin dit, un jour, à Rabbi : « Le corps aussi bien que l'âme, peuvent se disculper devant Dieu, au jour du Jugement dernier ! Le corps dira : c'est l'âme qui a toujours péché, car, depuis qu'elle m'a quitté, je suis étendu inerte et sans la moindre volonté. Et l'âme répondra : C'est le corps qui a fait le mal, car depuis que je ne suis plus avec lui, je vole librement, et sans me ternir, dans les sphères éthérées. »

Rabbi répliqua en souriant : « Ecoute-moi un instant : Un Roi avait un jardin magnifique dans lequel se trouvait un figuier portant des fruits exquis. Il en confia la garde à un Aveugle et à un Paralytique. Celui-ci dit bientôt à son camarade : « Ami, je vois là-bas des figues extraordinaire-ment belles. Laisse-moi me mettre sur ton dos, et, moi te guidant, tu me porteras vers l'endroit que je t'indiquerai et nous profiterons de la bonne aubaine ». Cela fut fait et les deux amis se régalèrent copieusement.

Au bout de peu de temps, le Roi arriva et remarqua le dégât commis ! « Où sont mes belles figues ? » s'écria-t-il en colère. Et le paralytique de lui dire : « Ô mon Roi, ce n'est pas moi qui ai pu les prendre, car il m'est impossible de faire un pas ! » « Et moi encore beaucoup moins, interrompit l'aveugle, car je ne les vois seulement pas ! »

Que fit le Roi ? Il reconstitua la scène du vol en asseyant le paralytique sur le dos de l'aveugle. Ainsi, conclut Rabbi, agit la Justice divine en établissant pour chacun sa part de responsabilité. »

(SANHÉDRIN, 91.)

Rab Jehouda, au nom de Rab, dit : « D'où savons-nous que les constellations n'exercent aucune influence sur Israël ? » — Parce qu'il est dit, dans l'Ecriture Sainte. « Dieu fit sortir Abraham dehors, en pleine lumière du jour »[9]

Le Patriarche, en effet, avait dit au Seigneur :

« Maître de l'Univers, est-ce que mon fils adoptif sera mon héritier ? » Dieu répondit : « Non, mais un enfant issu de tes entrailles sera ton héritier ! » Et Abraham reprit : « Maître de l'Univers, la science des astres m'a appris que je n'étais pas digne d'avoir un fils. » Et Dieu lui dit : « Sors de tes rêveries astrologiques, car les constellations n'exercent aucune influence sur les destinées d'Israël ».

(SCHABBAT, 156.)

Depuis la destruction du Temple, la Prophétie est enlevée aux Prophètes et est donnée aux savants.

(BABA-BATRA, 12.)

Veillez sur les enfants des pauvres, car c'est d'eux que sortira la science.

(NÉDARIM, 81.)

On dit au Nazir : Eloigne-toi ; ne t'approche pas de la vigne.

(SCHABBAT, 13.)

Peu ou beaucoup, qu'importe ? Pourvu que tes intentions soient pures.

(BERACHOT, 5.)

La piété d'un ignorant est dangereuse pour son voisinage.

(SCHABBAT, 67.)

Le travail anoblit.

(NÉDARIM, 49.)

Rabbi Hanan, fils de Babba, dit au nom de Rab qu'au jour où Abraham, notre Père, mourut, les Grands de toutes les nations du monde prirent le deuil en s'écriant :

« Malheur au monde qui a perdu son Guide ! Malheur au navire qui a perdu son Pilote. »

(BABA-BATRA, 91.)

On raconte de Benjamin le Pieux, préposé à la Caisse de la Bienfaisance, qu'un jour, pendant une grande disette, une pauvre femme vint l'implorer en ces termes : « Rabbi, donne-moi de quoi vivre ! » — « Il n'y a absolument rien en caisse », répondit celui-ci. Mais elle de lui répliquer : « Rabbi, si tu ne viens pas à mon secours, une femme et sept enfants vont mourir ». Alors, tout ému, il lui fit une large aumône de ses moyens personnels.

Au bout d'un certain temps, il tomba gravement malade et était sur le point de trépasser.

Devant le Trône du Saint-Béni-Soit-il les Anges se présentèrent et dirent : « Maître du Monde, tu as déclaré que celui qui conserve l'existence à une seule âme en Israël a autant de mérite que s'il avait sauvé l'univers entier ; et Benjamin le Pieux, qui a entretenu à ses frais une malheureuse famille, composée de la mère et de sept enfants, le laisserais-tu mourir à la fleur de l'âge ? »

Aussitôt l'arrêt de mort fut cassé et Benjamin vécut encore 22 ans.

(BABA-BATRA, II.)

L'orgueilleux est insupportable même aux gens de sa maison.

(BABA-BATRA, 98.)

La chance confère l'intelligence et donne la richesse.

(SCHABBAT, 156.)

Lorsque Rabbi Schimon ben Yochaï et son fils quittèrent la caverne, où ils avaient vécu de nombreuses années, s'occupant uniquement des études sacrées, ils virent des paysans qui labouraient la terre et ils s'écrièrent : « Oh ! les malheureux qui, pour des besoins purement matériels négligent leur salut dans le monde à venir ! »

Aussitôt une voix céleste — Bat-Kol — se fit entendre en ces termes : « Vous voulez détruire le monde avec ses harmonies ; rentrez dans votre caverne ! »

(SCHABBAT.)

Pour trois raisons, la charité l'emporte sur l'aumône : celle-ci, en effet, ne se pratique qu'avec l'argent ; celle-là, avec notre argent et avec notre personne ; celle-ci ne s'adresse qu'aux pauvres ; celle-là, aux pauvres comme aux riches ; celle-ci ne vise que les vivants ; celle-là, les vivants et les morts.

(SOUCCA, 49)

A quoi bon allumer une lumière quand il fait plein jour ?

(HOULIN, 60.)

Quand un homme répudie sa première femme, l'autel du Seigneur même verse des larmes.

(SANHÉDRIN, 22.)

Les Justes sont plus grands après leur mort que pendant leur vie.

(HOULIN, 7.)

Un Jeûne qui n'est pas accompagné de bonnes œuvres équivaut à une sorte de suicide.

(SANHÉDRIN, 35.)

Que la bénédiction d'un homme ordinaire ne te soit pas indifférente.

(PIRKÉ ABOTH.)

On a agité la question de savoir ce qui était le plus important, en matière de foi, de la théorie ou de la pratique ? Rabbi Tarphon penchait pour la pratique ; niais R. Akiba déclara que c'était la théorie, vu que celle-ci conduisait à la pratique.

(BABA-BATRA, 9.)

R. Abahou enseignait : On a demandé, un jour, au Roi Salomon quel était l'homme assuré de la béatitude éternelle ? Et il répondit : C'est celui qui respecte la vieillesse.

(BABA-BATRA, 9.)

Un homme sans propriété rurale n'est pas un homme.

(YEBAMOT, 63.)

Si quelqu'un cause de la peine à son père ou à sa mère, le bon Dieu s'écrie : « Je me félicite de ne pas demeurer parmi les hommes, car ils ne me ménageraient pas davantage. »

(KIDDOUSCHIN, 31.)

Le passage de l'Ecriture-Sainte ainsi conçu : « Le Livre de la Loi sera toujours ouvert devant toi[10] » ne saurait être pris au pied de la terre, car il y est dit aussi : « Et tu récolteras ton blé, ton moût et ton huile[11], pour nous enseigner qu'il faut tenir compte des exigences de la vie. »

(BERACHOT, 35.)

Pourquoi les Docteurs de la Loi (Talmidé-Hachamim) n'ont-ils pas, en général, des fils qui marchent sur leurs traces et s'occupent des études sacrées ? — C'est pour qu'on ne dise pas que la Tora s'acquiert par voie d'héritage.

(NASIR, 81.)

Si quelqu'un voulant accomplir une bonne action en a été empêché, l'intention est réputée par le fait.

(KIDDOUSCHIN, 40.)

L'Amour du prochain[12] est un dogme important de la Loi ; mais un plus grand encore, c'est celui qui proclame l'Unité du genre humain[13].

(IBID.)

Si quelqu'un te dit : « Je me suis donné de la peine et je n'ai point trouvé » ; ou bien : « J'ai trouvé sans m'être donné la moindre peine », ne le crois pas. Ajoute foi seulement aux paroles de celui qui dit : « Je me suis donné de la peine et j'ai trouvé ». Il s'agit ici, cela va sans dire, du domaine des recherches scientifiques ; mais dans celui des biens matériels, tout dépend de la protection divine.

(MEGUILA, 6.)

Des philosophes demandèrent aux Anciens (Zekënim) à Rome : S'il est vrai que Dieu ait en horreur les idoles, pourquoi ne les détruit-il pas ?

Ceux-ci répondirent : « Si les objets qu'adorent les païens n'étaient pas indispensables à la marche de l'univers, vous pourriez avoir raison ! Voyons, à qui font-ils leurs dévotions ? — Au soleil, à la lune ou aux étoiles. Eh bien, est-ce que, à cause de quelques fous le monde devrait cesser d'exister ?

Non, certainement ; et tant pis pour ceux-ci, car plus tard ils paieront leur égarement.

(ABODA-ZARA, 54.)

Adam, le premier homme, a été créé d'une poignée de poussière prise, non pas dans un seul endroit, mais dans l'univers entier.

(IBID.)

Lorsque, à l'issue du Schabbat, l'obscurité de la nuit enveloppa le monde, Adam eut peur et se dit : « Serait-ce la conséquence du péché de désobéissance que j'ai commis ? » Alors, pris de compassion, Dieu lui indiqua deux cailloux qu'il frotta l'un contre l'autre et une étincelle jaillit. Aussitôt Adam prononça cette formule sacramentelle

« Sois loué, Eternel, Roi de l'Univers, qui as créé la Lumière. »

(BERACHOT-YEROUSCHALMI.)

La Bénédiction de Dieu, c'est la Paix ; et son sceau, c'est la Vérité.

(SCHABBAT, 55.)

Le monde futur ne ressemble en lien au monde présent. Là, point de besoins matériels, point de commerce, point de jalousie ni de haine ; mais les Justes, portant couronne sur la tête, contemplent la Majesté divine.

(BERACHOT, 17.)

Habille-toi aux jours fériés comme aux jours de travail, plutôt que d'avoir recours à l'assistance d'autrui.

(SCHABBAT, 118.)

Les vœux que nous formulons sont comme un autel qu'on élèverait à une idole.

(YEBAMOT, 109.)

Là où règne la joie, vite un bout de prière, si tu veux la conserver.

(YOMA, 39.)

Le péché enténèbre le cœur.

(BERACHOT, 6.)

Le monde ne subsiste que grâce à l'haleine des enfants qui fréquentent les écoles.

(SCHABBAT, 119.)

Abaya disait : « Celui qui observe les préceptes du Talmud est un Saint ». — « Un Saint », riposta Rabba ? — Oui, parfaitement, il mérite cette appellation, parce qu'il se prive de choses qui lui sont permises.

(YEBAMOT, 20.)

Il est préférable de faire partie de la catégorie des persécutés que de celle des persécuteurs. Voyez plutôt : il n'est pas d'oiseau qui soit plus souvent victime de l'attaque des oiseaux de proie que la douce colombe, et c'est elle que le Seigneur agrée pour les sacrifices.

(BABA KAMA, 93.)

La mort la plus douce est celle que Dieu nous donne dans un baiser d'amour ! L'âme se détache du corps sans souffrance aucune, et aussi facilement que l'on retire du lait un cheveu qui s'y trouve à la surface du pot.

(BERACHOT, 8.)

On demanda à un savant s'il était permis, un jour de Schabbat, d'éteindre une lumière qui incommoderait un malade ? Et voici quelle fut sa réponse : « Dans la Sainte-Ecriture, l'âme est appelée une « Lumière de Dieu ! »{14} Qu'on éteigne donc la lumière des hommes pour sauver la lumière divine. »

(SCHABBAT, 30.)

C'est un devoir de bénir Dieu dans la tristesse comme dans la joie.

(BERACHOT, 54.)

Le faux serment détruit ce que ni le fer ni l'eau ne peuvent détruire.

(SCHEBOUOT, 39.)

Vends la marchandise tant que la poussière de la route est encore sur tes souliers.

(IBID.)

Les enfants doivent être punis d'une main et caressés des deux.

(BERACHOT, 28.)

Que doit faire l'homme pour vivre ? — Qu'il meure !
   Que doit faire l'homme pour mourir ? — Qu'il vive !

(TAMID, 32.)

Chaque péché commis est un commencement d'aliénation mentale.

(SOTA, 3.)

Va, circule dans le monde, pour savoir ce qui s'y dit.

(EROUBIN, 14.)

Pour les choses saintes ou les nobles causes, il faut toujours monter et jamais descendre.

(SCHABBAT, 21.)

Celui qui supporte l'injure en silence, sera vengé par Dieu lui-même.

(GUITTIN, 7.)

Laisse-toi jeter dans une fournaise, plutôt que de faire rougir ton prochain en public.

(SOTA, 10.)

Ne jette jamais une pierre dans le puits qui t'a fourni de l'eau pour te désaltérer.

(BABA KAMA, 92.)

Faire l'aumône et en tirer vanité, c'est pécher contre le Seigneur.

(BABA BATRA, 9.)

Même dans la situation la plus désespérée, l'homme ne doit jamais renoncer à sa dignité.

(SANHÉDRIN, 92.)

Celui qui prend un domestique, prend un maître.

(KIDDOUSCHIN, 20.)

Donner, ce n'est rien ; la manière de donner, c'est tout.

(BABA BATRA, 9.)

Dans ton pays, la réputation ; hors de ton pays, l'habit.

(SCHABBAT, 145.)

C'est un devoir de charité de secourir les pauvres des autres nations, comme les pauvres d'Israël ; de visiter leurs malades et d'enterrer leurs morts.

(GUITTIN, 6.)

Dès que le vin est bu, adieu les secrets.

(EROUBIN, 65.)

Plus l'homme est grand, plus grande est sa passion.

(SOUCCA, 52.)

Il y a quatre catégories d'individus que la raison ne peut supporter : 1° le pauvre, orgueilleux ; 2° le riche, hypocrite ; 3° le vieillard dévergondé ; et 4° l'administrateur d'une Communauté qui prend des mesures sans se préoccuper des intérêts de la masse.

(PESACHIM, 113.)

Si les vieux te disent de démolir et les jeunes d'édifier, démolis sans retard ; car la démolition voulue par les vieux est une édification, et l'édification voulue par les jeunes est une démolition.

(NÉDARIM, 48.)

Dans les écoles, honore la science ; dans les salles de festin, honore l'âge.

(BABA-BATRA, 120.)

La vraie pauvreté, c'est la pauvreté d'esprit.

(NÉDARIM, 4.)

La Fortune repousse celui qui veut lui faire violence ; elle recherche celui qui l'attend sans impatience.

(BERACHOT, 64.)

L'audace est une Reine sans couronne.

(SANHÉDRIN, 105.)

Une seule pièce d'argent dans une boîte fait beaucoup de bruit.

(BABA METSIA, 85.)

Si un filou t'embrasse, ne manque pas de compter aussitôt tes dents.

(HOULIN, 127.)

Au jeu des enfants sur la place publique, on reconnaît l'éducation qu'ils reçoivent à la maison.

(SOUCCA.)

Un proverbe dit : La famine a régné pendant sept ans et n'a jamais frappé à la porte d'un artisan.

(SANHÉDRIN, 28.)

Samuel disait : Celui qui, tous les jours, visite son champ, y trouve, tous les jours, une pièce de monnaie.

(HOULIN, 105.)

Les morts ressuscités par le prophète Ezéchiel ne sont qu'une Image de la future rédemption d'Israël.

(SANHÉDRIN, 92)

Une mère n'abandonne jamais son enfant.

(BABA BATRA, 36.)

Moise disait : « que le Droit perce la Montagne ! » Aron, son frère, aimait la Paix et s'efforçait par tous les moyens, de la faire régner entre les hommes.

(BABA BATRA, 36.)

Les Rabbins ont enseigné : Quand Israël souffre et qu'un de ses membres se détache de la collectivité, les Anges du Ciel lui posent leurs mains sur la tête en proclamant :

« Qu'un tel qui a déserté son poste, lorsqu'il y avait quelque danger à le conserver, ne voie pas des jours meilleurs, ni le triomphe de la Sainte Cause ! »

Mais peut-être nous objectera-t-on : « Qui donc dénoncera sa conduite coupable ? » Les pierres de sa maison et les poutres qui la soutiennent témoigneront contre lui, ainsi que l'affirme le Prophète : « Oui, la pierre dans le mur crie contre toi et la charpente lui donne la réponse. »[15]

(TAANIT.)

R. Eliézer le Grand enseignait : Celui qui a du pain dans sa corbeille et s'inquiète de ce qu'il mangera demain, est de la catégorie de ceux qui nient la divine Providence.

(SOTA, 48.)

Soleil au jour de Schabbat, aumône pour le pauvre !

(TAANIT.)

Job n'a jamais existé et son histoire n'est qu'une allégorie.

(BABA BATRA, 15.)

Chaque parole divine est traduite en 70 langages.

(SCHABBAT, 88.)

Un cœur contrit et soumis à sa volonté sainte, est, depuis la destruction du Temple de Jérusalem , le sacrifice le plus agréable à l'Eternel.

(SOTA, 5.)

Le Seigneur a appelé à l'existence dix éléments de force auxquels il a opposé dix éléments supérieurs : Les voici :

1° Le rocher, excessivement dur, est coupé en morceaux par le fer ;

2° Le fer devient liquide par le feu ;

3° Le feu est éteint par l'eau ;

4° L'eau est emprisonnée et transportée au loin par les nuages ;

5° Les nuages sont dispersés par le vent ;

6° Le vent ne peut avoir raison de notre corps ;

7° Le corps est brisé par la peur ;

8° La peur est dissipée par le vin ;

9° Le vin est dompté par le sommeil ;

Et 10° la Mort, partout ailleurs triomphante, est, à son tour, vaincue par la Charité.

(BABA-BATRA, 10.)

La science du savant s'accentue à mesure qu'il avance en âge, comme aussi s'accentue la bêtise de l'ignorant.

(SCHABBAT, 152.)

Au moment de La Création, Dieu dit à l'Univers : « Si Israel reçoit ma Loi, tu continueras d'exister ; dans le cas contraire, je te replongerai dans le Néant.»

(SCHABBAT, 88.)

Le. verset de la Bible : « Quel est l'homme qui a bâti une maison nouvelle, qui a planté une vigne et qui a pris une épouse{16} nous apprend qu'il faut d'abord songer aux moyens d'existence avant de songer au mariage. »

(SOTA, 42.)

Rabbi Schimon le Juste raconte : Une ,seule fois dans ma vie, j'ai goûté au sacrifice d'un Nazir, et voici dans quelle circonstance :

Un jour se présenta, pour prononcer son vœu d'abstinence, un jeune homme d'une rare beauté, avec de belles boucles lui tombant jusque sur les épaules. Je lui demandai comment il avait pu se décider à détruire sa chevelure magnifique et pour quel motif il le faisait ?

Il me répondit en ces termes : « Dans mon pays, je gardais les troupeaux de mon père. Or, une fois, j'étais allé puiser de l'eau à une source, et, à la vue de mon image qui s'y reflétait, un sentiment d'orgueil s'empara de moi et je craignis pour mon salut ! Comment, me suis-je dit, je serais fier de ce qui est périssable, de ce qui doit retourner à la poussière ? C'est pour cette seule raison que je fais au Seigneur l'offrande de ma chevelure. »

Aussitôt, continue R. Schimon, je l'embrassai sur la tête et lui dis : « Ô mon fils, puissent les Nazirim comme toi être nombreux en Israël ! »

(NÉDARIM, 9.)

R. Hiya ben Gamda enseigne : Au moment où un Juste quitte la Terre, les Anges se présentent devant le Seigneur et ils disent : « Maître du Monde, un tel Juste va venir »

Et le Seigneur de répondre : « Qu'il arrive bien vite et occupe la place qu'il mérite »

Alors les Anges vont à sa rencontre et lui

chantent de leur voix si douce : « Qu'il arrive en paix et jouisse de la béatitude éternelle ».[17]

(SCHABBAT, 89.)

La fille d'Elischa ben Abouya, surnommé Akher — le Renégat — se présenta, un jour, devant Rabbi et lui dit : « Rabbi, viens-moi en aide ! » — « Qui es-tu ma fille », demanda-t-il ? Elle répondit : « Je suis la fille d'Akher ».— « Comment, s'écria-t-il, il existe encore quelqu'un de cette engeance ? » Mais elle lui répliqua doucement : « Maître, souviens-toi de sa science et non de ses actes »!

Et le feu descendit du ciel qui réduisit en cendres le siège du Rabbi. Celui-ci se mit à pleurer et prononça ces paroles :

« Si Dieu honore la science même chez ceux qui le méconnaissent, que ne doit-il faire pour ceux qui restent fidèles à sa Loi et proclament sa Toute-Puissance » !

(HAGUIGA, 15.)

Le Pontife, préposé à la Guerre, haranguait ainsi le peuple — en langue sacrée — avant d'engager la bataille :

« Ecoute, Israël, l'Eternel est notre Dieu, l'Eternel est Un ![18].

Sachez que c'est un combat sans merci que vous allez livrer à vos ennemis !

C'est une lutte à mort !

Ce n'est pas la lutte entre Juda et Siméon, ou entre Siméon et Benjamin, car si vous tombiez entre leurs mains, ils vous traiteraient en frères, oubliant les griefs du moment ! Mais il s'agit aujourd'hui d'ennemis sanguinaires qui seraient sans pitié pour vous !

Allons, haut les cœurs !

Ne craignez ni les chevaux qui piaffent, ni les épées qui scintillent !

Ne craignez ni le nombre des combattants, ni la science de leurs chefs, et ne vous laissez pas intimider par le bruit des fanfares ou les cris sauvages des soldats !

Allons, haut les cœurs !

Dieu est avec vous !

C'est ici le camp de l'Arche Sainte ! »

(SOTA, 42.)

NOTES

{1} Considérations sur le Judaïsme par Honel Meiss
{2} Genèse, II I, 12.
{3} Ibid, III, 19.
{4} Genèse, IV, 16.
{5} Deutéronome, X IV ,1.
{6} Exode, X.X, 7.
{7} Deutéronome, XXX, 12.
{8} Exode, XXIIX. Voir Pentateuque de M.Wogne. page 224, Note 1.
{9} Genèse, XV, 5.
{10} Josué, I, 8.
{11} Deutéronome, XI, 14.
{12} Nombres, XIX, 18.
{13} Genèse, I, 27.

{14} Prov, XX, 27.
{15} Habacuc, II, 11.
{16} Deutéronome, XX, 20.
{17} Isaïe, LVII, 2.
{18} Deutéronome, XX, 20.

Copyright © 2020 par FV Éditions
ISBN Livre Relié : 979-10-299-1024-1
Tous Droits Réservés

Également Disponible

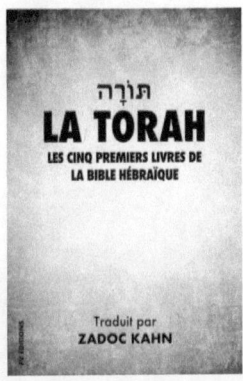

www.ingramcontent.com/pod-product-compliance
Lightning Source LLC
LaVergne TN
LVHW092232080526
838199LV00104B/100